Bibliografische Information der Deutschen Nationalbibliothek:

Die Deutsche Bibliothek verzeichnet diese Publikation in der Deutschen National-
bibliografie; detaillierte bibliografische Daten sind im Internet über http://dnb.d-
nb.de/ abrufbar.

Impressum:

Copyright © 2003 GRIN Verlag, Open Publishing GmbH
Druck und Bindung: Books on Demand GmbH, Norderstedt Germany
ISBN: 9783640516001

Dieses Buch bei GRIN:

http://www.grin.com/de/e-book/142418/genderforschung-zu-e-learning

Jochen Kohlhaas

Genderforschung zu E-Learning

GRIN Verlag

Proseminar

„Elemente des E-Learning"

Thema:

Genderforschung zu E-Learning

von Jochen Kohlhaas

Uni Siegen, Wintersemester 2002/03

Inhalt:

1 Einleitung

E-Learning ist zum größten Teil immer noch eine Männerdomäne. Wie aber kriegt man auch Frauen dazu, sich mit den neuen multimedialen Lehrformen vertraut zu machen? Die Genderforschung ermittelt die Ursachen der weiblichen Kompetenz- und Motivationsdefizite im Bereich der Informations- und Kommunikationstechnologien. Diese Erkenntnisse geben nun die Grundlage dafür, gleichwertige Voraussetzungen zu schaffen, die es ermöglichen, dass Männer sowie Frauen gleichermaßen sich in der elektronischen Medienwelt bewegen können. Somit lassen sich neue geschlechterneutrale Bildungskonzepte im Bereich des E-Learning erstellen, mit denen sich Frauen oder Personen mit unterschiedlichen Lernstilen das vermittelbare Wissen besser aneignen können.

2 Was ist Genderforschung?

Die Genderforschung, auch genannt Geschlechterforschung (englisch: Gender Studies), ist eine interdisziplinäre Forschungsrichtung, die das Verhältnis zwischen Männern und Frauen als soziale, geschlechtsspezifische Beziehung untersucht (Brockhaus 2003). Dieses Verhältnis hat sich im Laufe der Zeit herausgebildet und lässt sich in verschiedenen Kulturen dieser Welt beobachten. Die Genderforschung ist dabei ein wissenschaftlicher Forschungsansatz, der die wahrgenommene Ungleichheit in den Geschlechterbeziehungen zu seinem Forschungsgegenstand erhoben hat.

Die Genderforschung liefert u. a. das Ergebnis, dass Frauen im Gegensatz zu Männern andere Lernstrategien auch im Hinblick auf neuartige Medien gebrauchen. Frauen haben andere Interessen als Männer und orientieren sich in andere Richtungen. Sie bevorzugen unterschiedliche kognitive Stile, mit denen sie die aufgenommenen Informationen verarbeiten und verinnerlichen.
Diese Erfahrungen aus der Genderforschung sind wichtig zur Herstellung einer gendersensitiven Mediendidaktik, die sich zur Aufgabe machen sollte verschiedene kognitive Stile, Orientierungen, Perspektiven und Lernstrategien zu berücksichtigen. Es sollte hierbei jedoch nicht der Fehler gemacht werden, spezielle Didaktiken für die einzelnen Geschlechter zu entwerfen, da dadurch das typisierte Rollenverhalten beider Geschlechter nur noch wachsen würde. Diese neue Form der Didaktik sollte sogar noch weitergehen und nicht nur die Geschlechter, sondern auch unterschiedliche Kulturen, Ethnien und Schichten mit berücksichtigen.

3 Unterschiede der Geschlechter

„Frauen und Technik" - auch heute scheint dies immer noch ein sich häufig ausschließendes Paar zu sein, was sich auch in vielfältigen Untersuchungen manifestiert.
Schon im Schulalter zeichnen sich deutliche Unterschiede nach Geschlecht auf. Nachweislich weniger Mädchen als Jungen beschäftigen sich sowohl in der Schule als auch in der Freizeit mit dem Computer. Während Mal-, Zeichen-, Textverarbeitungs- oder Lernprogramme intensiver von Mädchen genutzt werden, wenden sich Jungen bevorzugt Computerspielen zu, rechnen oder nutzen CD-ROMs. (vgl. Schinzel/Ruiz Ben, 2002)
„Diese Differenzen zwischen den Geschlechtern sind allerdings wesentlich bildungsabhängig; am geringsten sind diese bei bestimmten Nutzungsbereichen im Gymnasium. Am stärksten zeigen sich geschlechtsspezifische Unterschiede in den in der Freizeit genutzten medialen Bereichen." (Schinzel/Ruiz Ben, 2002)

Die Ergebnisse der Forschungen zur Geschlechterproblematik im Zusammenhang mit Computern und Lernen lassen sich in den folgenden Themen zusammenfassen (Volmerg, 1996):

- Mädchen geht es beim Umgang mit dem Computer (zunächst) mehr darum, Zusammenhänge zu begreifen; Jungen sind (zunächst) eher an einem konkreten Umgang mit der Maschine interessiert.
- Mädchen zeigen einen weniger spielerischen und experimentellen Umgang mit dem Computer als Jungen. Ihre Aneignungsweise ist mehr am Anwendungs- und Gebrauchswert der Computer orientiert.
- Mädchen haben (zumindest anfänglich) ein starkes Bedürfnis nach kooperativer Zusammenarbeit. Jungen arbeiten lieber alleine mit dem Computer.
- Mädchen haben keinen signifikant unterschiedlichen Wissensstand, was Aufbau und Funktion eines Computers betrifft. Jungen haben jedoch sehr viel häufiger ein eigenes Gerät als Mädchen. Dementsprechend schätzen Jungen ihre Kenntnisse auf dem Gebiet der Neuen Technologien sehr selbstbewusst ein, während Mädchen ihre eigenen Kenntnisse und Fähigkeiten eher unterbewerten, solange sie noch keine praktischen Erfahrungen mit dem Computer haben.
- Mädchen haben es aufgrund ihrer Sozialisation schwerer als Jungen, sich „unbelastet" Kompetenz und Wissen im Bereich der Neuen Technologien zu erwerben.

Auch Männer zeigen eher den heute geforderten spielerischen Umgang mit Technologie, während Frauen stärker Sinn und Zweck bezogen mit Technik arbeiten. Die spielerischen Kompetenzen sind aber auch nicht einfach anzueignen, denn diese Umgangsformen entstehen unter bestimmten Voraussetzungen, die für Frauen nicht unbedingt gegeben sind: Etwa im Zusammenhang mit den für Jungen gemachten aggressiven Computerspielen oder für den Multimedia-Bereich im Zusammenhang mit Cyberpornographie, mit deren Hilfe auch der selbstverständliche Umgang mit Technologie erworben wird (Schinzel, 2002). Somit wird es Frauen nicht gerade leicht gemacht, sich die für ein Agieren am Computer notwendigen Kompetenzen anzueignen.

4 Ursachen des Gendering

Die Rolle, Status und soziale Beziehungen des Menschen sind in der Gesellschaft wesentlich durch das Geschlecht definiert und geschichtlich in den Formen fest gefügter Männer- und Frauenbilder (Geschlechterrollen) verankert.
Eine Erklärung für die Distanz der Frauen und Mädchen zur Technik könnte also die durch die Geschlechtersozialisation eingeübte Rollenverteilung sein. Bei Jungen ist die Computernutzung ins männliche Selbstbild integriert. Bei Mädchen führt eine intensive Computernutzung zum Konflikt mit dem sich entwickelnden weiblichen Rollen- und Selbstbild. Für sie ist es daher einfacher sich mit der Rolle des Laien zu identifizieren.

4.1 Ursachen aus der Kindheit und der Jugendphase

Besonders während der Pubertät benutzen Jungen ihr durch Spiele, technische Ausstattungen, neue Produkte gewonnenes Wissen innerhalb ihrer Referenzgruppe als Macht- und Prestigemedium und als Abgrenzung gegenüber anderen Gruppen, speziell gegenüber Mädchen. In dieser Zeit kristallisiert sich Computerkompetenz als Stabilitätsfaktor für Maskulinität in den Kategorisierungsprozessen während der sozialen Interaktionen. Dass Mädchen in der Freizeit weniger Erfahrungen mit Computern haben, wirkt sich im Unterricht aus, was die Interaktionsmuster während des Unterrichts prägt (Schinzel, 2002).

Die Schulausbildung unterstützt zudem den Erwerb der Fachkompetenz für Mädchen nicht in ausreichendem Maße. Sie verläuft heute in der Regel sehr stark nach den von den Jungen bevorzugten Schwerpunkten, deutlich mehr technik- als anwendungs- und nutzungsorientiert. Dies führt dazu, dass viele Mädchen Defizite in der Nutzung des Computers empfinden, sich zurückziehen und kein Interesse für die Ausbildung entwickeln (Oechtering, 1998). Aber auch viele Lehrer und Lehrerinnen sind zu wenig mit geschlechtsspezifischen Sichtweisen und Problemen vertraut und unterstützen bei der Vermittlung des Wissens stärker die Jungen als die Mädchen. Geschlechtsspezifische Unterschiede werden auch durch das Wahlverhalten in der gymnasialen Oberstufe bestätigt. Während Mädchen sich eher auf sprachliche Fächer konzentrieren, interessieren die Jungen sich eher für die naturwissenschaftlichen und mathematischen Fächer. Nach wie vor werden somit Schulfächer nach traditionellen geschlechtertypischen Normen gewählt. Als entscheidend für diese Distanz zu den technischen und naturwissenschaftlichen Fächern (Ausnahme: Biologie) werden angesehen:

- die geringe Technik-Vorerfahrung der Mädchen
- eine Kapitulation der Mädchen vor dem „Technik-Vorsprung" der Jungen und
- eine selbstkritischere Beurteilung der eigenen Leistung.

Nach wie vor fehlt es den Mädchen im mathematisch-naturwissenschaftlichen Bereich an weiblichen Vorbildern, die ihnen dadurch eine Berufsperspektive aufzeigen könnten (Volmerg, 1996).

Schon in der Schule werden die Weichen für die Ausbildung und spätere Berufswahl gelegt. Wie eine nichtrepräsentative Erhebung an Berliner Schulen im Rahmen des Studienprojektes "Frauen in der Informationsgesellschaft" erbrachte, nimmt der Anteil von Mädchen an Informatikkursen von der 8.-11. bis zur 12.-13. Klasse von 44 % auf 34 % deutlich ab. Eine Ursache für das abnehmende Interesse der Mädchen könnte in fehlenden Rollenmodellen liegen. So zeigte sich in der gleichen Erhebung, dass der Informatikunterricht überwiegend in männlicher Hand ist: Nur jede fünfte Lehrende im Informatikunterricht war weiblich (Abbildung 1).

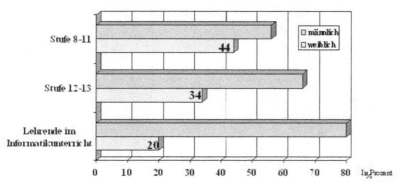

Abbildung 1: Geschlechterverteilung im Informatikunterricht an vier Berliner Schulen
Quelle: PD Dr. M. Sieverding

5 Nutzung der neuen informations- und kommunikationstechnischen Medien

Wie bereits erwähnt, weisen die Computernutzungsprofile von Frauen und Männern deutliche Unterschiede auf (Kapitel 2 und 3.1). Dies ist auch durch die unterschiedlichen Arbeitsbereiche bedingt. Das meist von Männern ausgefüllte Berufsfeld der Programmierer nutzt den Computer anders als z.b. eine Sekretärin. Auch die Doppelbelastung vieler Frauen (Beruf und Mutter/Hausfrau) lässt oft keine Potentiale für die spielerische Annäherung an einen neuen Gegenstand übrig. Damit sind Frauen die Möglichkeiten entzogen, die für ein Agieren am Computer und im Netz Voraussetzung sind.

5.1 Quantitative und qualitative Nutzungsübersicht des Computers und des Internets

Quantitativ gesehen, haben Frauen und Mädchen insgesamt weniger Umgang mit Computern und Neuen Medien als Männer und Jungen, trotzdem *arbeiten* sie inzwischen gleich viel und gleich lange mit ihm. Ein entscheidender Unterschied besteht darin, dass Jungen erheblich länger mit dem Computer spielen. In der Schule nutzen Mädchen und Jungen den Computer etwa gleich, in der Freizeit aber unterschiedlich. Auf welche Art und Weise Mädchen und Jungen den Computer benutzen, ist auch oft verschieden, wie manche Untersuchungen gezeigt haben: Jungen experimentieren öfters mit Computern als Mädchen, die Computer als ein praktisches Werkzeug betrachten. Frauen benutzen andere Applikationen als Männer und sie programmieren auch weniger in ihrer Freizeit.

In den letzten Jahren hat die Kommunikation über Netzwerke insbesondere für die junge Generation stetig an Bedeutung zugenommen. Dabei hat sich auch die Unterrepräsentanz von Frauen und Mädchen im Internet verringert oder aufgelöst (Abbildung 2). In den USA haben die Frauen die Männer bereits zahlenmäßig als Netz-User überholt, dennoch bleibt die Zurückhaltung von Frauen und Mädchen gerade in Bezug auf dessen intensive Nutzung auffällig.

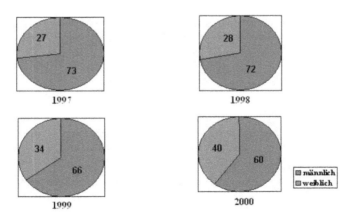

Abbildung 2: Frauenanteil an Internet-Nutzern

In einer Erhebung zu Computerbesitz und Computernutzung bei Berliner Studierenden, die Anfang 2000 durchgeführt wurde (Sieverding, 2002), zeigte sich, dass Studentinnen deutlich seltener als ihre männlichen Kommilitonen mit leistungsstarken Computern ausgestattet waren (s. Abbildung 3). Während bei den Männern fast 70 % einen Pentium I bis III besaßen, waren es bei den Frauen nur die Hälfte (51 %). Auch war bei Frauen der Anteil größer, die den PC zusammen mit anderen nutzten. Eine geringere technische Medienkompetenz der Studentinnen zeigte sich daran, dass ein beträchtlicher Teil (14 %) nicht wusste, was für einen Computer sie überhaupt besitzen.

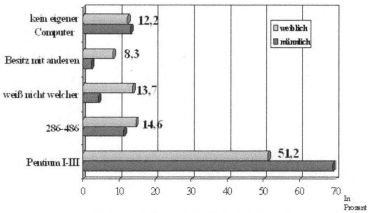

Abbildung 3: Computerbesitz bei Studierenden

Bei der inhaltlichen Nutzung von PC und Internet zeigte sich, dass männliche Studierende beides vielfältiger nutzen: sie programmieren mehr und nutzen den PC für Musik und Grafik. Im Internet surfen sie mehr, spielen mehr Spiele, nutzen mehr Service-Angebote und rufen häufiger Erotik- oder Sexseiten auf (Abbildungen 4 und 5).
Obwohl Frauen in der computervermittelten Kommunikation oft den Schwerpunkt in der Kommunikation sehen (beispielsweise wird von Frauen E-Mail im Bereich der Internet-Technik bevorzugt genutzt), sind ihre Beiträge in Usenets oder Newsgroups stark unterrepräsentiert.

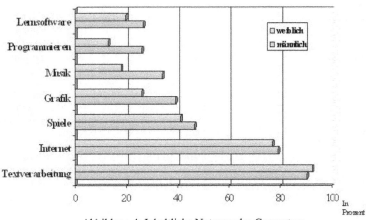

Abbildung 4: Inhaltliche Nutzung des Computers

7

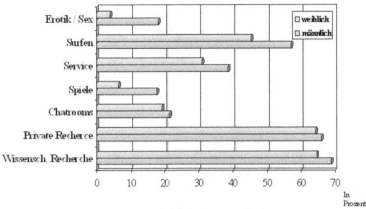

Abbildung 5: Inhaltliche Nutzung des Internets

5.2 Internet als Männerdomäne

Das Netz wird von Frauen allgemein weniger als öffentliches Forum der eigenen Präsentation genutzt. Frauenkultur bleibt so auch in den Netzen ein Ghetto, ein abgetrenntes Terrain innerhalb der Männerkultur.

Die Gründe dafür liegen in der Kommunikation, der Ästhetisierung der Information, der Selbstdarstellung und der Spielkultur (Schinzel/Ruiz Ben, 2002).

In Chats und Mailinglisten haben sich männliche Kommunikationsstile herausgebildet. Bei der elektronischen Kommunikation im Internet werden traditionelle geschlechtsspezifische Kommunikationsstile reproduziert: Männer neigen eher zur Darstellung der eigenen Position, nehmen mehr Ressourcen für sich in Anspruch und zielen mit ihren Beiträgen auf Widerspruch und Auseinandersetzung; Frauen dagegen halten sich mit Beiträgen eher zurück, reagieren stärker auf die Positionen anderer und zielen auf Verständigung. Zugespitzt lässt sich sagen, dass der männliche Kommunikationsstil Züge des Kampfes um das bessere Argument trägt, während der weibliche eher die Tendenz der Relativierung der eigenen Position oder des Ausgleichs zwischen konträren Positionen hat. Im Internet hat dieses Ungleichgewicht zur Folge, dass Frauen aus den Diskussionen herausgedrängt werden und sie mangels körperlicher Präsenz noch unsichtbarer werden als in realen fachlichen Diskursen.

Eine weitere Erklärung des Ausschlusses von Frauen ist die im Netz zu beobachtende Tendenz zur Ästhetisierung von Information, der Frauen in diesem Kontext tendenziell weniger aufgeschlossen gegenüber stehen. Im Internet zeigt sich dies etwa in der Gestaltung von Homepages, die - oftmals über den Grad des Notwendigen und Sinnvollen hinaus - die technischen Möglichkeiten der ästhetischen Gestaltung zum Einsatz bringen.
Insofern ist die Präsentation von Informationen in der Öffentlichkeit traditionell eher männlich kodiert. Dem gegenüber neigt der weibliche Umgang mit Information dazu, nach Kriterien der Brauchbarkeit und Nützlichkeit in den Anwendungskontexten zu fragen. Frauen stehen dem im Netz geübten ästhetisierenden Umgang mit Information eher kritisch gegenüber und ziehen sich davor zurück.

6 Unterschiede in den Lernstilen von Frauen und Männern

Genderforschungen im Bereich von E-Learning weisen auf die zentrale Bedeutung unterschiedlicher Lernstile hin, die möglichst umfassend bedient werden sollten. Frauen bevorzugen andere didaktische Vorgehensweisen, um einen Lernstoff zu verinnerlichen. Generell entspricht die Art der Vermittlung von Wissen oft nicht den Wünschen von Frauen. Es gibt deutliche Differenzen zwischen bevorzugten und vorgefundenen Lernbedingungen.

6.1 Alleinlernen contra kooperatives Lernen

Bereits in der Präsenzlehre treten Differenzen auf zwischen dem eher von Männern präferierten „Alleinlernen" und dem eher von Frauen bevorzugten „kooperativen" Lernstil. Dies trifft auch im Bereich des E-Learnings zu.

6.2 Ursachen für weibliche Motivierungsdefizite

Nach allem Gesagten wird es wenig erstaunen, dass Mädchen und Jungen verschiedene Einstellungen zu Computern und Motivation zur Verwendung neuer Medien entwickeln. Die Art der Einstellung der Geschlechter zum Computer zeigt sich auch oft unterschiedlich: Mädchen zeigen eine emotional distanzierte Einstellung; Jungen personifizieren den Computer und sind bei seiner Nutzung und Spiel stärker emotional beteiligt. Nach wie vor greift in der Sozialisation die stereotype Gleichsetzung von Technik und Männlichkeit. Knapp zwei Drittel der Jugendlichen erklären, dass sie „etwas" oder „sehr" an Technik interessiert sind, aber dieses Interesse ist eher „Männersache". „Sehr interessiert" sind 42 % der Jungen gegenüber nur 5 % der Mädchen. Die Studie "Kinder und Medien 1999" zeigt auf, dass doppelt so viele Jungen wie Mädchen im Besitz eines eigenen Computers sind. Diese Tatsachen sind für Selbstbewusstsein und Selbstkonzepte von großer Bedeutung (Schinzel/Ruiz Ben, 2002).

6.3 Die Bedeutung von Design und Präsentation von Lerninhalten

Wie bereits erwähnt entspricht die heut übliche Gestaltung im Design (Kapitel 4.2) auf Webseiten und auch in Softwareumgebungen nicht immer der Vorstellung von Frauen. Es werden hier oftmals durch die überwiegend männliche Mehrheit von Software-Programmierern androzentrische Ästhetisierungen verwendet, die Frauen stören oder sogar ausgrenzen können. Die Fülle von Informationen fordert jedoch das Umsetzen von lernfreundlichen Lernmodulen mit frauenfreundlichem Design.

6.4 Motivationshilfen

Wie erreicht man eine Steigerung der weiblichen Präsenz in den neuen Medien und im Bereich des E-Learning und welche Voraussetzungen müssen dafür geschaffen werden? Ohne Kenntnis der Hintergründe für weibliche Motivierungsdefizite ist eine nachhaltige Entwicklung gendersensitiver Bildungskonzepte und damit der Einschluss von Mädchen und Frauen in die Zukunftstechnologien nicht zu erreichen. Die Leitbild-Funktion von Frauen in der Informatik spielt auch eine sehr wichtige Rolle, um Schülerinnen für dieses Fach zu interessieren, denn derzeit lehren vorwiegend Männer dieses Fach. Ein gendersensibles Design der Lehre und eine gendersensible Mediendidaktik sind nötig, und sie zu entwickeln ist eine facettenreiche Aufgabe.

7   Neue Bildungskonzepte und spezielle gendersensitive Didaktik

Welche neuen Möglichkeiten bestehen, Lerninhalte personenspezifisch am besten zu vermitteln? Dafür ist die Entwicklung von neuen Bildungskonzepten nötig, darunter Lehr- und Lernkonzepte, die zu einem geschlechtersensitiven Umgang mit Neuen Medien beitragen. Hierfür sind Einsichten in die Auseinandersetzung männlicher und weiblicher Kinder, Jugendlicher und junger Erwachsener unterschiedlicher sozialer Milieus im Umgang mit Neuen Medien von zentraler Bedeutung. Es sollten Fragen nach den Auswirkungen der Neuen Medien auf Selbstkonzepte, Lebensentwürfe und Handlungsmuster Heranwachsender berücksichtigt werden. Medienwissenschaftliche und -didaktische Erkenntnisse, die durch empirische Untersuchungen gewonnen wurden, bieten eine theoretische Grundlage dafür, medienpädagogische und -didaktische Konzepte zu entwickeln, um Genderisierungsprozesse, wie sie insbesondere auch in und durch Neue Medien erzeugt werden, durchschaubar zu machen und mit ihnen umzugehen (Schinzel, 2002).

Ein wichtiger Aspekt beim Einsatz neuer multimedialer Bildungskonzepte ist das Vorhandensein von Medienkompetenz bei den Studierenden, die eine medienkritische und eine medienakzeptierende Haltung umfasst. Diese werden über den individuellen und kollektiven Umgang mit Computern und Neuen Medien erworben und verstärken sich gegenseitig. Darüber hinaus beinhaltet der Begriff "Medienkompetenz" mehr als die technischen Fertigkeiten, die einen effizienten, bedürfnisgerechten Gebrauch von Medien ermöglichen. Es bedarf auch einer "kommunikativen Kompetenz", die die Erfassung und Bewertung komplexer medienkommunikativer Zusammenhänge umfasst. Sie schließt auch die Fähigkeit ein, ein kritisches Urteilsvermögen und einen verantwortlichen Umgang mit den Medien zu entwickeln. NutzerInnen müssen gezielt und bewusst Medienangebote auswählen und die Medieninhalte einschätzen und bewerten können. Dazu gehört die Fähigkeit, die Neuen Medien (z. B. das Internet) als Werkzeuge aufgabenangemessen einsetzen zu können. Gleichzeitig ist es auch wichtig, mit geschlechterstereotypen Inhalten angemessen umzugehen, sie auszusortieren oder aber sich kritisch mit ihnen auseinander zu setzen. Medienkompetenz beinhaltet schließlich die Befähigung, sich mit Hilfe der Medien Lebenswelten anzueignen und sie mit zu gestalten (Tabelle 1). Sie beinhaltet so eine aktive und einflussnehmende Teilhabe an der Medienentwicklung.

Technische Medienkompetenz	Soziale Medienkompetenz	Selbstbezogene Medienkompetenz
Bedienung von technischen Geräten einschließlich Kenntnis der notwendigen Kommando- oder Programmiersprachen	Fähigkeit zur sozialkritischen Reflexion von Informationstechnologien sowie ihre Nutzung als Mittel sozialer Kooperation	Fähigkeit, sich aktiv und reflexiv mit den Informationstechnologien und ihren Entwicklungen auseinanderzusetzen und sie angemessen in die eigenen Aktivitäten einzubinden

Tabelle 1: Aufteilung von Medien- oder Informationskompetenz (Sieverding, 2002)

Frauen setzen sich - zumindest bisher - weniger, weniger aktiv und weniger vielfältig mit den Neuen Medien auseinander, was dazu führt, dass ihre technische und selbstbezogene Medienkompetenz geringer ausgeprägt ist als die von Männern. Diese Geschlechtsunterschiede in der Medienkompetenz beeinträchtigen die Bildungsmöglichkeiten, die sich in den vielfältigen Angeboten von E-Learning erstrecken. Für den Erwerb der Medienkompetenz sind also Veränderungen unter dem Aspekt der Geschlechtsspezifik notwendig.

„Das Lernen lernen" ist heute in den wenigsten Bildungseinrichtungen methodisches Vorgehen. Immer noch sind Menge und Umfang des Sachwissens das Bestimmende, um Kompetenz nachzuweisen. Zukünftig wird aber aufgrund der Explosion des Wissens nicht das WAS (weiß ich) so wichtig sein können, sondern stärker das WIE (erarbeite ich mir das Wissen, Oechtering 1998). Das Erlernen der methodischen Vorgehensweisen wird zukünftig wichtiger als das „Büffeln" des Sachwissens.

Frauen studieren technische und naturwissenschaftliche Fächer, wenn diese einen starken Anwendungsbezug haben und interdisziplinär ausgerichtet sind. Beispiele dafür sind Medizintechnik, Wirtschaftsingenieurwissen oder Wirtschaftsinformatik, die einen höheren Studentinnenanteil als die reinen Technikwissenschaften aufweisen. Diesen Umstand in Verbindung mit der starken Anwendungsorientierung von Frauen nutzend, sollten folgende Lösungen für den besseren Erwerb der Medienkompetenz von Frauen und Mädchen an Hochschulen angewandt werden:
- Arbeit an interdisziplinären Gruppen,
- hohe Anteile von Projektarbeiten,
- hohe Praxisanteile (z. B. in Form eines Praxissemesters)

Auch bei der sozialen Medienkompetenz, der einen wichtigen Anteil der Schlüsselkompetenzen zukommt, kann die Geschlechtsspezifik eine Rolle spielen. Soziale Kompetenz wird im Allgemeinen Frauen zugeschrieben. Dabei verknüpft sich diese Zuschreibung in erster Linie mit der „Aufgabe der Frau", den privaten Alltag zu organisieren, d. h. Kinder zu erziehen, Verwandtschafts- und Freundschaftsbeziehungen aufrecht zu erhalten, zu kommunizieren. In den derzeitigen technischen- bzw. naturwissenschaftlichen Studiengängen gibt es jedoch kaum Vermittlungsinhalte und –formen, die Sozialkompetenz fördern. Ziel muss es also sein, Sozialkompetenz als „normale Qualifikation' im Studium zu erwerben. Wenn Frauen in diese Ausbildung mit Vorteilen hinein gingen, wäre dies durchaus motivierend für ein Studium. Es sollten daher die Kooperationsfähigkeit und die Kommunikations- und Interaktionsfähigkeit in diesen Studiengängen besonders gefördert werden.

7.1 E-Learning: Bereicherung der Lehre durch Computer

Ist es durch E-Learning möglich, die inhaltliche Aufbereitung, die Didaktik sowie die Wahl der Methoden auf die Zielgruppe zuzuschneiden?
Die Informationsgesellschaft ist durch ihre Vielfalt, das Zusammenleben von Menschen aus unterschiedlichen sozialen Milieus sowie unterschiedlicher Ethnien mit ihren je eigenen kulturellen Erfahrungen und Hintergründen gekennzeichnet. All diese Mitglieder haben unterschiedliche Zugänge zu neuen Techniken und weisen differenzierte Medienkompetenzen auf. Die Frage nach einer gendersensitiven Mediendidaktik sollte demnach auch soziale und kulturelle Herkünfte mit einbeziehen.
Medienunterstütztes Lehren und Lernen ist besonders geeignet, um unterschiedliche Lernstile bedienen zu können. Der wechselnde Einsatz verschiedener Medien kann dazu dienen, diese unterschiedlichen Lernbedürfnisse zu befriedigen und dadurch beitragen, die Aufmerksamkeit der Lernenden zu erhöhen. Sowohl die technischen wie die didaktischen Standards der IT-gestützten Lehre sind bereits soweit entwickelt, dass verschiedene Lernstile berücksichtigt werden und androzentrische Lehrmethoden aufgebrochen werden können. Entsprechend werden vielfältige Bildungsmöglichkeiten der gleichen Lerninhalte und -ziele für unterschiedliche Lernstile angeboten. Der Einsatz von verschiedenen Medien kann gleichzeitig zur Aufrechterhaltung der Aufmerksamkeit dienen. Eine weitere Anforderung wäre, soweit mit den verfügbaren Lernplattformen möglich, die Gestaltbarkeit der

11

Anwendungen durch NutzerInnen und die Offenheit der Gestaltung, etwa durch Interaktivität. Von zentraler Wichtigkeit für gendersensitive Bildungskonzepte ist zudem die Förderung der Kommunikation und Kooperation.

Es ist eine Mediendidaktik erforderlich, die darauf zielt, den Einfluss der Neuen Medien auf die symbolische Geschlechterordnung kritisch zu hinterfragen und zu deren Veränderung beizutragen. Ein Curriculum für beide Geschlechter muss die Vielfalt von Lernstilen und Interessen in den Vordergrund rücken, sowie die Kooperation als pädagogische Methode. Darüber hinaus müssen neben der Wissensvermittlung auch die Folgen von Informations- und Kommunikationstechnologie in der Lehre angesprochen werden. Dies steigert die Motivation von Frauen, sich mit diesem Thema zu beschäftigen. Wenn klar wird, wo Computer und Neue Medien in Alltag und im künftigen Leben positiv integriert werden können und mit welchen anderen Feldern wesentliche Verbindungen bestehen, wird der Zugang leichter und die Motivation gefördert (Schinzel/Ruiz Ben, 2002).

7.2 Vor- und Nachteile beim Einsatz von Multimedia in der Lehre

Es gibt viele Vorteile der multimedialen Lehre, gerade im Hinblick auf genderspezifische Aspekte. Die Vermittlung von Wissen kann mit Hilfe von verschieden eingesetzten Medien individuell an die jeweilige Zielgruppe angepasst werden. Obwohl die Inhalte immer dieselben sein können wird durch die Art der Präsentation es unterschiedlichen Personen leichter gemacht, dieses Wissen aufzunehmen. Virtuelle Seminare z.b. lassen sich relativ zeit- und ortsunabhängig organisieren. Dies könnte gerade auch Frauen gelegen kommen, die aufgrund ihrer Doppelbelastung (von Beruf und Mutter/Hausfrau) sich ihre Arbeitszeiten flexibel einteilen müssen.

Es sollte jedoch auch beachtet werden, dass sich die Technik bei Medienunterstütztem Lehren nicht neutral in Bezug auf die Lehr- und Lernsituation verhält. Sie tendiert dazu, zu *dominieren*, statt ihrer dienenden Funktion nachzukommen. Auch die Art der Diskussion und Interaktion wird durch den Einschub des Mediums Computer/-netz verändert. Die persönlichen Beziehungen zwischen Lehrenden und Lernenden und der Studierenden untereinander können dabei vermindert werden, was zur Folge hat, dass die sozialen Verbindungen aufgehoben werden, was insbesondere bei Frauen einen negativen Einfluss auf die Motivation mit sich zieht. Zudem ist es viel schwieriger, jemanden online zu betreuen als im direkten Kontakt. In Präsenzveranstaltungen kann man viel leichter erkennen, ob jemand etwas verstanden hat oder nicht.
Der Einsatz von Multimedia in der Lehre kann also viele Vorteile bieten, birgt aber auch potentielle Nachteile und Gefahren.

7.3 Blended Learning: Kombination von Präsenzlehre mit E-Learning

Blended Learning ist eine Kombination von Präsenz- und virtuellen Lernphasen. Die Präsenzphasen haben vor allem den Vorteil, dass sich die Teilnehmer dabei kennen lernen und austauschen können. Dieser sozialkommunikative Effekt bietet sich aus dem vorhergesagten für den Einsatz in einer genderspezifischen Mediendidaktik an.

Software, die speziell für Universitäten entwickelt worden ist, lässt meist Elemente aller Lernformen zu. Welche Formen eingesetzt werden, hängt vom Lernziel ab. Bei Veranstaltungen im Grundstudium z.B. sollen in erster Linie Faktenwissen und Informationen vermittelt werden. Dafür eignen sich vor allem Präsentationen oder Hypertextangebote in

Verbindung mit einer guten und intensiven Betreuung der Studierenden, die neben dem direkten Kontakt per E-Mail, Mailinglisten oder Foren erfolgen kann (Peuker, 2002). Im Hauptstudium, wenn es um den Aufbau von Wissen geht, um die Interpretation und Anwendung des Faktenwissens, sind Formen des Blended Learning angebracht. Hier sind vor allem die Kommunikationsmöglichkeiten, die ein System bietet, wichtig. Wissensaneignung wird hier als aktiver Prozess gesehen.

Bei einem Forschungsprojekt (Bockermann, 2000), das zum Ziel hatte die virtuelle internationale Frauenuniversität zu unterstützen, wurden mehrere ExpertInnen zu ihren praktischen Erfahrungen von virtuellen Lernangeboten nach ihren Ergebnissen im Einsatz von virtueller Lehre befragt. Ungefähr bei der Hälfte der Interviewten wurde die virtuelle Veranstaltung mit einer Präsenzsitzung eingeleitet. Ihre Überlegung, durch eine Präsenzveranstaltung die KursteilnehmerInnen stärker an den Kurs zu binden, hat sich dabei bestätigt. In den Kursen, denen eine Präsenzsitzung vorausging, war die Abbruchquote weitaus geringer als in den Kursen, wo dies nicht der Fall war.
Die meisten AnbieterInnen sind anfänglich davon ausgegangen, dass es reichen würde, die konventionellen Seminare *"einfach ins Netz zu stellen"*. Doch gerade der konventionelle Kurstyp habe sich laut der Aussagen vieler ExpertInnen eher nicht bewährt. Die meisten Befragten bedauerten daher, dass sie sich zu wenig Zeit für didaktische Überlegungen genommen haben. Gerade darin erkannten die ExpertInnen übereinstimmend einen gravierenden Mangel bei der Erstellung und Durchführung virtueller Lernkonzepte.

Zudem vermerkten sie, dass die Bildung einer wissenschaftlichen Gemeinschaft, d.h. die Vernetzung untereinander sich unglaublich positiv auf die TeilnehmerInnenbindung herausgestellt hat. Gemeint ist, dass die Kurse, in denen es gelungen ist, die TeilnehmerInnen diskursiv zu vernetzen, wesentlich geringere Abbruchquoten zu verzeichnen haben, als die Kurse, in denen die TeilnehmerInnen nur im unmittelbaren Kontakt zu den DozentInnen standen. Zwei wichtige Aspekte lassen sich dabei in den Antwortmustern hervorheben: Zum einen wirkte sich ein kontinuierlicher Interessenbildungsprozess positiv auf die Kursbindung aus. Zum anderen wird der Vernetzungsprozess der Community-Bildung durch die Möglichkeit der TeilnehmerInnen unterstützt, sich jenseits der offiziellen (online-) Sitzungen in informellen Strukturen z.B. Chatrooms, Mailinglisten oder gar informellen Präsenzphasen zu treffen. Ferner finden nicht videogestützte virtuelle Kurse ohne Mimik und Gestik statt. Reine ZuhörerInnen können demzufolge nicht wahrgenommen werden. Sie laufen Gefahr als „Karteileichen" deklariert zu werden, obwohl sie sich selbst als (aktive) KursteilnehmerInnen einstufen würden. Obwohl die ExpertInnen diese Schwierigkeiten sogar explizit benennen, stellen sie doch - unbewusst - einen Vergleich zwischen face-to-face-Kommunikation und online Diskussionen her. Sie beklagen sich über die mangelnde Beteiligung, ohne zu erkennen, dass Online-Diskussionen unter einem anderen Vorzeichen laufen als face-to-face-Kommunikation. Chatten will also gelernt sein!
Die Interaktion der einzelnen KursteilnehmerInnen untereinander ist also ein wichtiger Bestandteil eines guten gendersensitiven Bildungskonzeptes, das Präsenzlehre mit E-Learning vereint und vor allem die Motivation der Frauen im Hinblick auf Neue Technologien fördert.

7.4 Forderungen an eine gendersensitive Mediendidaktik

Weniger die Medien selbst, sondern vor allem die konkrete Gestaltung multimedialer Lehre entscheidet über die Vor- und Nachteile der Lernformen. Für die didaktische Gestaltung von Frauen bevorzugten Lernstilen ist es also wichtig kommunikative Schwerpunkte zu setzen, statt Einzelarbeit zu fördern und den Technikumgang mit kritischer, gesellschaftsbezogener Reflexion zu verknüpfen und das eher zweckgebundene Nutzungsverhalten von Frauen zu beachten. Um Kommunikationsstile, die Frauen ausgrenzen, zu vermeiden, sollten Regeln für die Kommunikation von den Studierenden selbst entwickelt, dann aber auch strikt befolgt werden. Auch ein weniger technisch-maschinelles Design der Nutzungsoberfläche käme Fraueninteressen eher entgegen (Schinzel/Ruiz Ben, 2002). Dies alles setzt jedoch voraus, dass sich die Geschlechterverhältnisse sowohl bei der Nutzung als auch bei der aktiven Mitgestaltung der Informationstechnologie angleichen und Frauen, sowie bisher benachteiligten Kulturen der Zugang zu Computern und Computertechnologien erleichtert wird. Medienkompetenz sollte nicht unhinterfragt vorausgesetzt werden, sondern als Lernziel in die Mediendidaktik integriert werden. Sowohl bei der Vermittlung der Medienkompetenz als auch bei Vermittlung sonstiger Studieninhalte scheint es wichtig zu sein, die Vielfalt der Studierenden zu berücksichtigen und kontext-sensitiv zu strukturieren. Ein lebenspraktischer Anwendungsbezug erhöht zudem die Chance verschiedene Lernstrategien zu berücksichtigen. Absolute Objektivität hat ausschließenden Charakter, stattdessen sollte sich Wissen unter Einbindung vieler Perspektiven entwickeln, was wiederum durch eine soziale Bindung oder Bildung einer virtuellen Gemeinschaft gefördert wird.

7.5 Praxisbeispiel für E-Learning im Primarbereich

Nach Erkenntnissen über das geschlechtsspezifische Verhalten im Bereich des E-Learnings ergibt sich folgerichtig die Notwendigkeit, den Computer als universelles Bildungsmedium, als Lern-, Lehr und Denkverstärkungswerkzeug nicht erst im Studienalter, sondern schon frühest möglich in der Grundschule altersadäquat an das Kind heranzuführen. Hier kann zum ersten Mal versucht werden, die in der Informationstechnologie auseinanderdriftenden gendertypischen Unterschiede abzuschwächen oder ganz zu vermeiden. Deshalb sollte sich schon in der Grundschule der Computer als Lerngerät anbieten, als eine Möglichkeit, sowohl individualisierte, als auch gruppendynamische Lern- und Arbeitsformen zu verwirklichen. Wie dabei im Rahmen eines offenen Angebots der Computer als Lernwerkstatt zur gezielten Förderung von einzelnen Kindern, als auch von gemischt-geschlechtlichen Gruppen eingesetzt werden kann, möchte ich an einem Praxisbericht einer Grundschullehrerin darstellen, die eine Schulhomepage (http://schulverband-landkern.bildung-rp.de, Kohlhaas 2003) aufgebaut hat.

Dank der Internetinitiative der dortigen Verbandsgemeinde wurden im September 2000 alle Klassen der Grundschule mit einem Pentium III-Rechner und Internetzugang ausgestattet. Zu dem Zeitpunkt hatte die Lehrerin gerade eine erste Klasse mit 22 Schülern (11 Jungen und 10 Mädchen), denen sie einen frühzeitigen Kontakt zum Medium Computer und Internet und einen mündigen, kritischen Umgang mit der neuen Technik ermöglichen wollte. Nur etwa vier Schüler (nicht Schülerinnen!) besaßen zu Hause einen Computer. Im Rahmen des zunächst offenen Angebotes nutzten auch nur diese und eine Gruppe von neugierigen Jungen, die ständig wechselte, das neue Gerät. Anscheinend war der Computer in der Klasse „Männersache"! Der Lehrerin war es aber von Anfang an wichtig, dass Jungen wie Mädchen gleichermaßen von der Arbeit am PC begeistert sind und sich ohne Schwellenangst ins Internet einklicken. Wie konnte sie das erreichen?
So wie es in ihrer Klasse z.B. einen Tafeldienst gibt, richtete sie auch einen Computerdienst ein, der wöchentlich wechselt und dem man sich nicht entziehen kann. In kleinen, gemischten Gruppen von vier bis fünf Schülern (wobei anfangs je ein „Experte" dabei war), erledigen die Kinder in einer Computerecke mit inzwischen drei internetfähigen Rechnern verschiedene Aufgaben. Die Computerecke in der Klasse ist längst zu einer Lern- und Nachschlagecke geworden. Das Internet steht ihnen täglich über diverse Kinder-Suchmaschinen zur aktuellen Unterrichtsgestaltung zur Verfügung. Die SchülerInnen werden mit dem Internet vertraut

gemacht und lernen Informationen ökonomisch zu suchen und zu verarbeiten. Seit einem Jahr können sie dabei das Internet auch noch zur Kommunikation miteinander nutzen. Fast jede Klasse in dieser Schule hat ihre eigene Email-Adresse und Aufgabe des Computerdienstes ist es auch für die Betreuung des Email-Postfaches verantwortlich zu sein.

Weiterhin gehört zu seinem Aufgabenbereich die Erstellung von Textmaterialien für diverse Anlässe mit dem Kindertextverarbeitungsprogramm „Creative-Writer". Hierbei sind es besonders die Mädchen, die Freude und Spaß beim Schreiben und Kreativität bei der Gestaltung der Seiten zeigen. Sie lernen schnell und unkompliziert, haben nicht die Hemmschwelle etwas „falsch" zu machen und zeigen sich im Umgang mit dem Rechner viel ungezwungener als manche Erwachsene.

Natürlich hat der Computerdienst nicht nur ein Pflichtprogramm zu erfüllen, SchülerInnen dürfen auch jederzeit die zur Verfügung gestellte Lernsoftware einsetzen oder über die Kinderwebseite der Schulhomepage im Internet surfen. Geburtstagskinder dürfen sich übers Wochenende eine „Geburtstags-CD-ROM" ausleihen, die sie auf dem eigenen Rechner oder bei Freunden anschauen können.

Auf der Schulhomepage haben die einzelnen Klassen die Chance ihre Arbeiten zu repräsentieren. Die Klassenbeiträge werden zunächst im Unterricht diskutiert, die Eigenbeiträge der SchülerInnen auf Diskette gespeichert und vom Webmaster ins Internet gebracht. Somit wird die Erstellung einer Homepage für alle Kinder transparent und nachvollziehbar. Sie identifizieren sich mit ihrer Webseite und zeigen stolz ihre Schule weltweit ihren Bekannten und Freunden.

Nach zwei Jahren computerunterstütztem Unterricht in derselben Grundschulklasse kann eine erfreuliche Bilanz gezogen werden: **Alle** Schüler arbeiten mit Freude am Computer und beherrschen dabei die wichtigsten Techniken bei Textverarbeitungsprogrammen, beim Recherchieren im Internet, beim Öffnen und Versenden von E-Mails, beim Installieren von Lernsoftware und bei der Gestaltung einer Homepage. Zusätzlich ist anzumerken, dass inzwischen alle SchülerInnen einen eigenen Computer zu Hause besitzen.

Die Frage „Computer in der Grundschule?" ist allein aus dem vorgenannten Beispiel mit einem klaren „Ja" zu beantworten. In einer reflektierten und begründeten Vielfalt von methodisch-didaktischen Varianten und E-Learning-Angeboten liegt für LehrerInnen die Chance, der Vielfalt an Kindern mit ihren unterschiedlichen Ansprüchen, Bedürfnissen, Interessen, Entwicklungsniveaus, Charakteren, kulturellen Hintergründen, Ideen und Phantasien gerechter zu werden und ihnen damit neue und bessere Chancen zum Lernen und Leben zu geben (Bühler 1998).

8 Zusammenfassung

Es wäre verfehlt, die in den Untersuchungen festgestellte Technikdistanz der Frauen mit einer Technikfeindlichkeit oder einem generellen Desinteresse an technischen Fragen zu erklären. Die vielschichtigen Gründe für die Unterrepräsentanz in den Bereichen der Neuen Technologien liegen in den immer noch wirksamen männlichen und weiblichen Rollenstereotypen. Eine zentrale Ursache dafür ist zweifellos der nicht frauengerechte pädagogische Prozess der Vermittlung informations- und kommunikationstechnischer Inhalte. Es ist zu erwarten, dass mit steigender Medienkompetenz und dem gendersensitiven Ausbau von E-Learning und virtuellem Lernen Frauen durchaus ein beträchtliches Interesse am Erlernen des Umgangs mit den Neuen Technologien entwickeln werden.

Während die soziokulturellen Gegebenheiten genderspezifischer Voraussetzungen wissenschaftlich aufgearbeitet und geklärt sind, bedarf es nun intensiver

Aktivierungspotentiale für frauengerechte mediale Weiterbildung, Studienreformen und deren Curricula.
Multimediale und telemediale Lernumgebungen können nur dann von der Fiktion in die Wirklichkeit übersetzt werden, wenn überzeugende didaktisch-kooperative Konzeptionen eine gleichberechtigte Entwicklung nicht nur in der Informatik, sondern auch in allen naturwissenschaftlichen und technologischen Bereichen ermöglichen. Die Voraussetzungen dafür sind durch die Vernetzung von vielfältigen Versuchs- und Forschungsstandorten im Aufbau. Hilfreich dabei ist auch die beginnende politische Aufmerksamkeit und finanzielle Unterstützung.
Mit einer bloßen Aktualisierung von Bildungs- und Lernzielen ist es dabei nicht getan, kognitive als auch affektive Lernziele sollten in der Praxis auf ihre Brauch- und Verwertbarkeit verifiziert und weiterentwickelt werden. Motivation, Interaktion, Kommunikation und Kooperation sollten den Grad nicht nur der Medienkompetenz, sondern auch der Individualisierung und Unabhängigkeit stärken.
Ziel ist es, offene Systeme, Produkte und Theorien zu schaffen, in denen sich alle gesellschaftlichen Gruppen wieder finden können und die Veränderungen der Geschlechterverhältnisse ermöglichen.

9 Literatur

Bockermann, I. et al. (2000): "Expect The Best - Prepare For The Worst" Virtuelle
Lernumgebungen im Kontext von gender and cultural studies
URL: http://www.querelles-net.de/forum/virtuelles-lernen.doc

Bühler, H. (1998): Werkzeugkiste Computer, Studien Material, SIL-RP

Kohlhaas, C. (2003): Erfahrungsbericht an der Grundschule Landkern

Oechtering, V./Winker, G. (1998): Computernetze Frauenplätze. Frauen in der
Informatikgesellschaft. Opladen: Leske + Budrich

Peuker, S. (2002): E-Learning - Mythen, Realität und Möglichkeiten
URL: http://www.fu-berlin.de/zefrauen/ze-institution/infos/ELearningMythenRealitaet.html

Schinzel, B. (2002): e-learning für alle: Gendersensitive Mediendidaktik,
URL: http://mod.iig.uni-freiburg.de/publikationen/online-publikationen/e-learning.pdf

Schinzel, B/ Ruiz Ben, E. (2002): Gendersensitive Gestaltung von Lernmedien und
Mediendidaktik: von den Ursachen für ihre Notwendigkeit zu konkreten Checklisten,
URL: http://mod.iig.uni-
freiburg.de/users/schinzel/publikationen/Info+Gesell/PS/BMBFGenderNM.pdf

Sieverding, S. (2002): Verpassen Frauen den Anschluss an die Gesellschaft?
URL: http://www.fu-berlin.de/medpsych/fu-gender-coll/fucoll-sieverding.htm

Volmerg, B. et al. (1996):Ohne Jungs ganz anders? Geschlechterdifferenz und Lehrerrolle am
Beispiel eines Schulversuchs. Bielefeld: Kleine Verlag

www.ingramcontent.com/pod-product-compliance
Lightning Source LLC
Chambersburg PA
CBHW031234050326
40689CB00009B/1612